LAS MÁS BELLAS
HISTORIAS
de la BIBLIA

STAMPLEY

© Creación, texto e ilustraciones: A.M. Lefevre, M. Loiseaux, M. Nathan-Deiller, A. Van Gool
Publicado y producido por Creations for Children International, Bélgica
Esta edición ha sido publicada para
C.D. Stampley Enterprises, Inc., Charlotte, NC, USA. Email: info@stampley.com
ISBN 1-58087-050-3   Stampley código núm. 0275
Impreso en China – 2006

www.stampley.com

CONTENIDO

EL ANTIGUO TESTAMENTO

EL NUEVO TESTAMENTO

LA CREACIÓN DEL UNIVERSO

Al principio Dios creó los cielos y la tierra. Todo estaba oscuro y la tierra se hallaba cubierta por aguas profundas. El Espíritu de Dios se cernía sobre las aguas. Dijo Dios: "¡Haya luz!"

En el acto brillantes rayos de luz iluminaron suavemente la tierra. Y vio Dios que eso era bueno y separó la luz de la oscuridad. A la luz llamó "día" y a la oscuridad "noche". Éste fue el primer día.

Dijo luego Dios: "Haya firmamento en medio de las aguas, de modo que haya agua sobre el cielo y agua debajo de él." Y así fue. La noche cayó y amaneció un nuevo día. Éste fue el segundo día.

(Génesis 1:1–8)

6

Al tercer día dijo Dios: "Júntense en un lugar las aguas de debajo del firmamento y que aparezca lo seco."

Dios llamó a lo seco "tierra" y a las aguas "mar". Y a la Palabra de Dios brotaron hierbas y plantas sobre la tierra. Y se levantaron hacia el cielo flores llenas de capullos y árboles cargados de ricos frutos.

El cuarto día Dios colocó el sol en el firmamento para que proporcionara calor y luz a la tierra. Cayó la noche y Dios creó las estrellas y la luna para que iluminaran la oscuridad que cubría la tierra.

Al quinto día dijo Dios: "Que se llenen los océanos con toda clase de peces y el cielo con toda clase de aves." Y de esa manera los peces y las aves fueron las primeras criaturas que vivieron sobre la tierra.

(Génesis 1:9–23)

Al sexto día Dios dijo: "Ahora la tierra deberá henchirse de vida." Desde el animal más grande hasta el insecto más pequeño, Dios creó cada criatura y las envió a vivir por los cuatro puntos de la tierra. "Ahora crearé un ser a mi propia imagen", dijo.

Entonces, Dios creó al hombre a Su imagen. Y los creó macho y hembra. Y Dios les dijo: "Tenéis dominio sobre todos los seres vivos del cielo, de la tierra y del mar."

Dios se detuvo y contempló todas las cosas que había creado. Dios dijo que cuanto había creado era muy bueno.

El séptimo día Dios terminó Su trabajo y santificó ese día, porque ése fue el día en que descansó de Su trabajo.

(Génesis 1:24–31; 2:1–3)

11

Adán y Eva

Dios había plantado en la tierra un hermoso jardín, que se llamaba Edén. Había creado el jardín para Adán y en él había colocado las plantas y criaturas más hermosas.

Dios puso a Adán en el jardín y le dijo: "Todo lo que hay en este jardín es tuyo. Disfrútalo y sé feliz. Sólo una cosa te está prohibida. El árbol del conocimiento del bien y del mal crece aquí. Nunca comerás fruto alguno de ese árbol. Si así lo haces, morirás."

Observando al hombre que había creado, Dios pensó: "No es bueno que Adán esté solo." Así, mientras Adán dormía, Dios tomó una de sus costillas. De esta costilla Dios creó la primera mujer, Eva.

Adán y Eva estaban desnudos, pero no sentían vergüenza, debido a que así los había creado Dios.

(Génesis 2:4–25)

12

De todos los animales que vivían en el jardín del Edén, la serpiente era el más astuto. Le susurró a Eva: "¿No te gustaría conocer el secreto de este fruto? Él os dará el conocimiento del bien y del mal, que sólo Dios posee. Es por eso que Él no quiere que vosotros lo comáis, porque luego seríais tan poderosos como Él."

Adán y Eva sabían que Dios les había prohibido comer el fruto. Pero Eva pensó en la sabiduría que podrían poseer y fue tentada.

Al final Eva tomó uno de los frutos y comió. Y dio de comer a Adán, quien también mordió el fruto prohibido.

(Génesis 3:1–6)

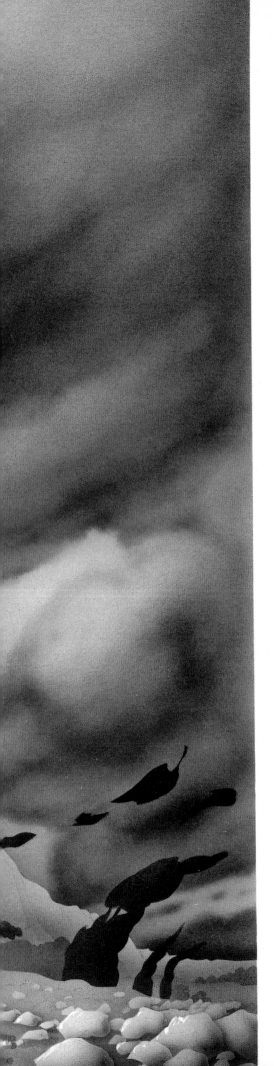

Inmediatamente se abrieron sus ojos. Vieron que estaban desnudos y por primera vez sintieron vergüenza. Cosieron entre sí hojas de higuera para cubrir sus cuerpos. Cuando Dios los vio, Él se irritó. "¿Quién os dijo que estábais desnudos?", preguntó.

"¡Eva me dio de comer del fruto!", dijo Adán, y Eva se quejó: "¡La serpiente me engañó!"

Dios maldijo a la serpiente, luego se volvió a Adán y Eva y, con voz terrible, les dijo: "A partir de ahora, vuestra vida estará llena de sufrimiento. Me habéis desobedecido y desde este momento está prohibido para vosotros el jardín del Edén."

Dios expulsó a Adán y Eva del paraíso. Colocó un ángel con una espada llameante a la entrada del paraíso para no dejarles entrar si volvían.

(Génesis 3:7–24)

CAÍN Y ABEL

Después de abandonar el jardín del Edén, Adán y Eva tuvieron dos hijos, Caín y Abel. El mayor, Caín, cultivaba la tierra y recogía cosechas para alimentarse, mientras que Abel criaba ganado.

Al cabo de un tiempo, Caín tuvo envidia de su hermano. "Dios debe de quererlo más que a mí", pensó para sí. Un día, la envidia de Caín hizo que enfureciera a tal extremo que atacó y mató a Abel.

Cuando Dios le preguntó dónde estaba Abel, Caín contestó: "¡Yo no soy el guardián de mi hermano!" Pero Dios sabía bien lo que Caín había hecho y estaba irritado con él. Sin embargo, Dios no quiso que Caín muriera, de modo que puso sobre él una marca especial para protegerlo.

(Génesis 4:1–16)

18

EL ARCA DE NOÉ

Con el paso de los años, Dios veía con tristeza que la humanidad se había vuelto holgazana y malvada. Las únicas personas justas en todo el mundo eran Noé y su familia. "Voy a destruir a todo ser vivo sobre la tierra", dijo Dios a Noé. "Porque la humanidad debe ser castigada por su maldad."

Dios dijo a Noé que iba a enviar un diluvio que cubriría la tierra, pero que Noé y su familia serían salvados de las aguas. "Tienes que construir un arca y dentro de ella debes llevar una pareja de cada criatura. Cuando las aguas lleguen, ésas serán las únicas criaturas que sobrevivirán."

Noé y su familia comenzaron a trabajar con ahínco para construir el arca como Dios había ordenado.

(Génesis 6:5–22; 7:1–9)

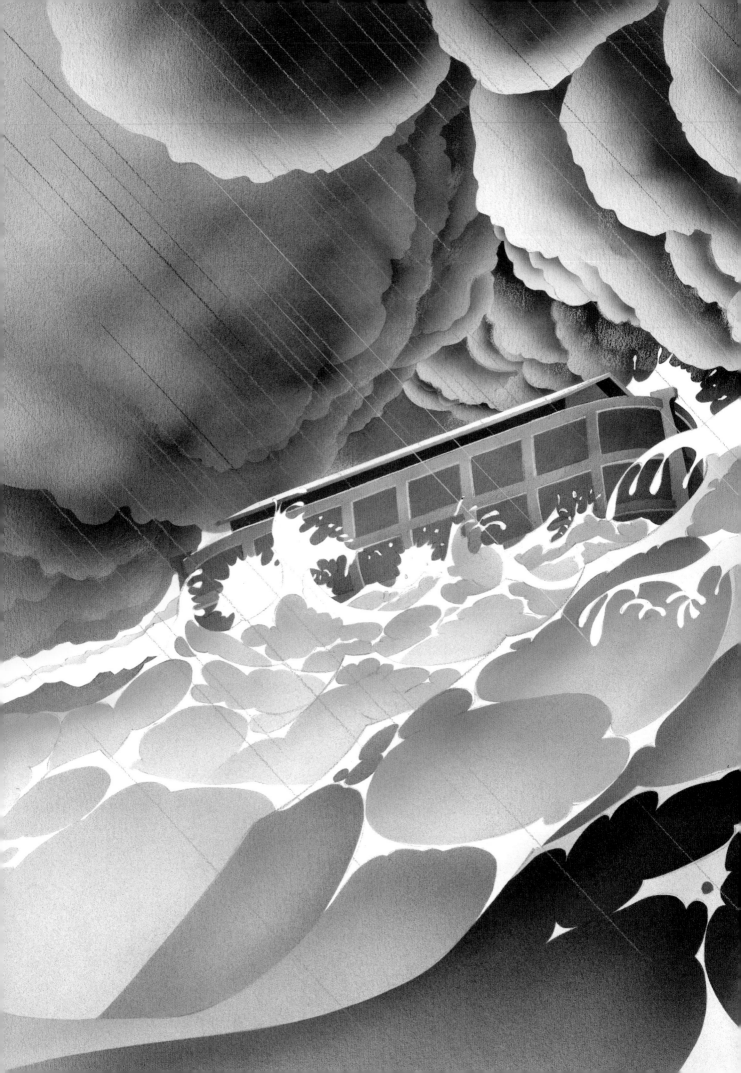

En cuanto los últimos animales entraron al arca, Dios cerró la puerta. De inmediato comenzó a llover copiosamente y los mares y ríos comenzaron a crecer levantando el arca sobre las aguas.

El diluvio duró cuarenta días y cuarenta noches, hasta que la tierra quedó totalmente cubierta por las aguas. Toda cosa viva sobre la tierra se ahogó y murió, como Dios lo había decidido. Sólo Noé y su familia y los animales del arca sobrevivieron. Finalmente, cesó de llover.

Al cabo de muchos meses, las aguas comenzaron a descender poco a poco. El arca se detuvo sobre una montaña. Noé soltó un cuervo para intentar hallar tierra seca. Luego, Noé soltó una paloma. Pero ésta no encontró tierra seca y regresó al arca.

(Génesis 7:10–24; 8:1–9)

23

Noé soltó de nuevo a la paloma, y esta vez regresó trayendo en su pico una rama de olivo. "¡Estamos salvados!", exclamó Noé.

Esperó siete días y volvió a soltar la paloma. Ésta no regresó y Noé comprendió que había encontrado tierra seca donde descansar. El nivel de las aguas descendió todavía más y, por fin, Noé abrió la puerta del arca. Noé, su familia y todos los animales salieron de ella.

Entonces Dios prometió a Noé: "Nunca volveré a destruir la tierra con un diluvio. Y cada vez que las nubes de lluvia aparezcan sobre la tierra, colocaré un arco iris en el firmamento. Él servirá de señal para recordar a todas las criaturas mi promesa."

(Génesis 8:10–19; 9:8–17)

ABRAHAM

Abraham descendía de Sem, el hijo mayor de Noé.
Vivía con su esposa Sara en una aldea cerca de
Babel. Un día, Dios habló a Abraham. "Abraham",
dijo, "debes abandonar tu casa y caminar una larga
jornada. Junta todas las provisiones que puedas
llevar y toma a tu mujer y criados contigo. Te voy
a llevar a la tierra que he elegido para ti."

Abraham obedeció de inmediato y condujo a su
familia a través de Mesopotamia y Egipto. En las
noches dormían bajo las estrellas y, finalmente,
llegaron a la tierra de Canaán.

(Génesis 12:1–5)

En Canaán, Dios habló de nuevo a Abraham. "Vivirás aquí, y tus hijos y tus nietos después de ti."

"¿Cómo es posible eso, Señor?", preguntó Abraham sorprendido. "Sara y yo somos muy viejos y ¡no tenemos hijos!"

"Abraham", dijo Dios severamente, "¿dudas de mi palabra?" Poco después, Abraham y Sara tuvieron un hijo al que pusieron por nombre Isaac.

Algún tiempo después, Dios puso a prueba a Abraham. Dios dijo a Abraham que debía matar a su hijo y ofrecerlo en sacrificio. Abraham amaba a Isaac y fue con gran tristeza que obedeció a Dios.

Estaba levantando su cuchillo para matar al muchacho cuando Dios habló de nuevo. "¡Detente! Si estás preparado para darme a tu único hijo, ya veo cuánto debes amarme. Verdaderamente eres bendito entre todos los hombres."

(Génesis 17:1–8; 21:1–3; 22:1–19)

JOSÉ Y SUS HERMANOS

El hijo de Isaac, Jacob, tuvo doce hijos. José era
el favorito de su padre. Cuando José cumplió 17
años, Jacob le regaló una bella túnica. Los
hermanos de José sentían envidia y deseaban
vengarse, pues la túnica era más hermosa que
todo cuanto Jacob les había regalado a ellos.

Un día, cuando estaban trabajando en los campos,
los hermanos sujetaron a José y le quitaron la
túnica. El hermano mayor, Rubén, persuadió a
los demás de no matar a José. En ese momento,
pasaban unos mercaderes que se dirigían a Egipto.
"¡Este joven será un buen criado!", gritaron los
hermanos a los mercaderes. "¿Queréis comprarlo?"
Los mercaderes estuvieron de acuerdo y se llevaron
a José con ellos a Egipto. Los malvados hermanos
empaparon la túnica de José en la sangre de un
cordero y la llevaron a su padre. "¡Algo terrible ha
ocurrido!", exclamaron. "¡José ha sido muerto por
una bestia salvaje!"

(Génesis 37:2–33)

Mientras fue esclavo en Egipto, José cobró gran fama porque sabía explicar a la gente el significado de los sueños. Incluso el faraón, el gobernante de Egipto, acudió a consultar a José sobre una terrible pesadilla que había tenido. "Anoche soñé con siete vacas gordas que pastaban en las riberas del Nilo. De pronto siete vacas flacas las atacaron y se las comieron."

José dijo que Dios quería dar al faraón la respuesta y explicó: "Las vacas sanas significan que durante los próximos siete años las cosechas serán buenas y habrá abundancia de alimento. Pero durante los siete años siguientes, las cosechas serán pobres y el pueblo pasará hambre. Es un aviso para que guardes grano y trigo que sirvan de reserva durante los años malos."

El faraón le estuvo muy agradecido y en recompensa puso a José como responsable del almacenamiento de las cosechas. José se convirtió en un ministro poderoso.

(Génesis 41:15–40)

$\mathcal{M}$OISÉS

Los descendientes de Jacob se llamaron israelitas y hebreos. Muchos de ellos vivían en Egipto y al nuevo faraón le molestaba que se hubieran vuelto demasiado poderosos. "De ahora en adelante, todo niño que nazca de los hebreos debe ser muerto", ordenó cruelmente el faraón.

Moisés nació en ese entonces y su madre temía por su vida, de modo que tejió una cesta de juncos y la llevó al río. Colocó suavemente a Moisés en el interior de la cesta y puso ésta en el agua entre algunas piedras. La hermana de Moisés vigilaba para ver qué podría suceder. La hija del faraón, que era tan bondadosa y gentil como su padre era cruel, encontró la cesta entre las cañas. "Éste debe ser un niño hebreo", se dijo. "Sus padres deben de querer ansiosamente salvarlo." La hija del faraón crió a Moisés como su propio hijo.

(Éxodo 1:6–22; 2:1–10)

Conforme crecía, Moisés veía que los israelitas eran tratados con crueldad. Un día, cuando vio a un soldado azotando a uno de ellos, Moisés se indignó tanto que golpeó con fuerza al soldado y éste murió. Así, Moisés tuvo que abandonar Egipto y se refugió en la tierra de Madián, donde se convirtió en pastor.

Estaba en el campo con su rebaño cuando una zarza ardió de pronto en llamas. Las llamas ardían con fuerza, pero para su sorpresa, las hojas y las ramas de la zarza permanecían verdes y frescas.

Una voz habló a Moisés desde el arbusto. "Moisés, escúchame, porque es tu Dios quien te habla. Tu pueblo está sufriendo bajo el yugo del faraón y tú debes conducirlo fuera de Egipto."

Moisés estaba asombrado. "Pero, Señor", dijo, "nadie escuchará a un pobre pastor como yo." "Ten fe", contestó Dios. "Y ahora ve con el faraón."

Como Dios le había ordenado, Moisés valientemente pidió al faraón que dejara a los israelitas abandonar Egipto para adorar a Dios en el desierto.

(Éxodo 2:11–15; 3:1–12)

36

Pero el faraón se negó. "Si no nos dejas ir, Egipto sufrirá", dijo Moisés. Pero el faraón no escuchó y Dios envió una serie de plagas para castigarlo.

Primero, el río Nilo y toda el agua de Egipto se convirtieron en sangre. Luego, la tierra se infestó de ranas. Luego, todas las casas se infestaron de mosquitos y las moscas llenaban el aire. Los animales murieron, excepto los que pertenecían a los israelitas, y los egipcios sufrieron llagas y forúnculos dolorosos. Una terrible granizada destruyó las cosechas, y las plantas que habían quedado vivas fueron devoradas por enormes enjambres de langostas. Dios dejó toda la tierra en tinieblas, pero el faraón seguía negándose a dejar partir a los israelitas.

Finalmente Dios mandó la más terrible de las plagas. Un ángel entró en las casas de los egipcios y mató a todos los primogénitos. Pero Dios había alertado a Moisés y las familias israelitas no fueron afectadas. Al fin, el faraón accedió a dejar que Moisés y los israelitas abandonaran Egipto.

(Éxodo 7–12)

Muy pronto el faraón lamentó su decisión de permitir salir a los israelitas. Envió un gran ejército para traerlos de regreso a Egipto, y cuando los israelitas vieron que el ejército les seguía a través del desierto, se espantaron. "¡Nunca debimos escucharte!", se quejaban con Moisés. "¡Mejor hubiéramos seguido como esclavos en Egipto, antes que morir en el desierto!"

"Debéis tener fe", les contestó Moisés. "El Señor nos ayudará." Cuando llegaron al Mar Rojo, los israelitas pensaron que no tenían escapatoria, ya que no había camino por donde cruzar. Entonces, ante sus ojos atónitos, el mar se partió en dos, dejando un claro camino entre las olas. "¡Gracias al Señor!", exclamó Moisés. "¡Él nos ha salvado!" Moisés condujo a los israelitas a salvo a través del mar.

Cuando los soldados del faraón intentaron seguirlos, las grandes paredes de agua cayeron sobre el ejército y todos perecieron ahogados.

(Éxodo 14:5–31)

Cuando los israelitas alcanzaron el monte Sinaí, Dios habló de nuevo a Moisés.

"Moisés, éstos son mis Mandamientos, que mi pueblo debe obedecer. No tendrás otro Dios más que a mí. No construirás ídolos ni te postrarás ante ellos. No tomarás mi nombre irreverentemente. El séptimo día de la semana será santo para ti y no trabajarás en ese día. Respetarás a tus padres. No matarás. No cometerás adulterio. No robarás ni dirás falso testimonio contra tu prójimo, ni desearás lo que es de tu prójimo."

Moisés bajó de la montaña al cabo de cuarenta días, llevando los Diez Mandamientos grabados en dos tablas de piedra. Encontró a los israelitas que adoraban a un becerro de oro. Moisés se enfureció y ordenó destruir la estatua.

(Éxodo 19:20–21; 20:1–17; 32:1–20)

42

LAS MURALLAS DE JERICÓ

Las tablas fueron depositadas en un hermoso cofre de oro, construido con ese propósito, y que se conoció como Arca de la Alianza.

Los israelitas siguieron su viaje durante muchos años. A punto de llegar a Canaán, Moisés llamó a Josué a su lado. "Me estoy volviendo viejo", le dijo Moisés. "Pronto iré con Dios. Sé fuerte, Josué, porque tú llevarás a nuestro pueblo a la tierra prometida."

Así, Josué condujo a los israelitas a través de Canaán y llegaron a la ciudad de Jericó, cuyas puertas estaban cerradas y sus habitantes no permitieron que los israelitas entraran.

"Llevad el Arca de la Alianza alrededor de las murallas de la ciudad, siete veces", dijo Josué. Mientras caminaban, los sacerdotes hacían sonar sus trompetas. Luego, todos gritaron con fuerza y las murallas de Jericó se desplomaron, tal como Dios lo había prometido.

(Éxodo 24–40; Deuteronomio 31:1–8; Josué 5–6)

SANSÓN Y DALILA

Los filisteos estaban molestos porque los israelitas
habían regresado a Canaán, de modo que les
declararon la guerra y entre ellos libraron muchas
batallas. Sansón, el jefe del ejército israelita, amaba
a Dalila, una mujer filistea. Sansón era
extraordinariamente fuerte y una noche Dalila le
preguntó de dónde provenía su enorme fuerza.
"Proviene de Dios", le contestó. "Pero si me
cortaran mis cabellos me volvería débil."

Dalila esperó a que Sansón se durmiera y le
cortó sus largos cabellos. Luego, mandó llamar a
los guardias y éstos llevaron preso a Sansón. Él
estaba muy débil para luchar contra ellos y le
sacaron los ojos y lo condujeron al templo. "Oh
Señor, muéstrame tu favor una vez más", suplicó
Sansón y, colocado entre los dos pilares del templo,
comenzó a empujarlos. Dios no había abandonado
a Sansón y el templo se desplomó sobre los filisteos.

(Jueces 16:4–30)

46

RUT Y NOEMÍ

Desde los tiempos de Sansón, Canaán se había
vuelto seca y árida y había una gran hambruna en
la región. Algunos de los israelitas regresaron al
sur. Una pareja, Elimelec y Noemí, fueron a vivir
a los campos cercanos de Moab. Tuvieron dos hijos
y cuando éstos crecieron se casaron con mujeres
de Moab. Al cabo de unos años, Elimelec murió y
al poco tiempo sus dos hijos cayeron enfermos.
También murieron, dejando a Noemí y a sus
dos nueras sin ayuda para cultivar la tierra.

Noemí dijo a sus nueras que ella iba a regresar
a Belén. "Allí nací y es allí a donde pertenezco.
Vosotras debéis regresar con vuestros padres; estoy
segura de que os volveréis a casar." Orfa, la mayor
de las dos mujeres, se despidió con tristeza de su
suegra y partió.

Pero Rut, la más joven, no permitió que Noemí
hiciera el viaje sola. "A donde tú vayas, yo iré", dijo
a Noemí con firmeza.

(Rut 1:1–18)

Cuando llegaron a Belén, Rut prometió a Noemí
que ella cuidaría de las dos. Cada día, Rut iba a los
campos donde los campesinos trabajaban en sus
cosechas y recogía las espigas que habían caído.

Boz, un pariente rico de Noemí que vivía en
Belén, había oído cómo se ocupaba Rut de la
anciana mujer y un día retuvo a Rut en los campos.
"Todos hablan de tu bondad. Eres extranjera aquí
y tu familia está lejos, pero te has quedado para
cuidar de Noemí. Tu alma es tan hermosa como tu
rostro." Le dijo que se quedara a espigar cuanto
tiempo quisiera en sus campos y Rut le dio las
gracias.

Para alegría de Noemí, Boz y Rut se enamoraron
uno del otro y se casaron.

(Rut 1:19–22; 2–4)

SAMUEL

Durante muchos años el profeta Samuel había guiado a los israelitas conforme a la Palabra de Dios. Sin embargo, había envejecido, y los israelitas decidieron que necesitaban un rey que los gobernara. Desagradó a Dios que ellos se apartaran de Él y dijo a Samuel que les advirtiera. "Un rey os esclavizará a vosotros y a vuestros hijos", dijo Samuel. "Un día rogaréis a Dios que os salve de vuestro rey, pero Él no os escuchará."

Los israelitas desoyeron a Samuel y eligieron por rey a Saúl. Al principio Saúl fue un gobernante sabio y Dios le ayudó en las batallas contra los filisteos. Pero se volvió engreído y arrogante y empezó a olvidar los Mandamientos de Dios.

Dios dijo a Samuel que viajara a Belén. Allí vivía Isaí, nieto de Rut y Boz. Dios había elegido a David, el hijo más joven de Isaí, para que fuera el nuevo rey.

(1 Samuel 8–10; 15–16)

DAVID

Mientras tanto, el ejército de Saúl estaba a punto de enfrentar a los filisteos en otra batalla. El soldado más grande de éstos, Goliat, era más alto y más fuerte que cualquier otro hombre. "Saúl", gritó. "Decidamos la batalla con un solo combate. ¿Alguno de tus hombres se atreve a luchar conmigo?" Goliat era tan alto que ninguno de los hombres de Saúl tenía el valor de enfrentarlo.

De pronto David avanzó. "Yo lucharé contra el filisteo", dijo.

Todos se asombraron, porque David era apenas un muchacho. Avanzó para encontrar a Goliat, sin vestir coraza y con la honda en la mano. "Aquí estoy, Goliat", le dijo. "Voy a derribarte en el nombre de Dios."

Goliat, lleno de desprecio hacia el campeón de Saúl, quiso tomar su lanza. Pero rápidamente David movió su honda y con un solo guijarro derribó al poderoso gigante.

(1 Samuel 17:1–58)

David cobró tal fama que Saúl empezó a odiarlo y dijo a su hijo Jonatán: "Cuando yo muera, el pueblo querrá hacerle rey en vez de a ti. Es preciso impedirlo." Pero Jonatán amaba a David como a un hermano y le advirtió del peligro. "Sé que vas a reinar en mi lugar, porque Dios te ha elegido a ti", le dijo. "Pero mi padre intentará matarte. Debes esconderte."

Cuando Saúl se enteró de la huida de David, salió tras él frente a un numeroso ejército. Una noche, David entró con sigilo en el campamento del rey y robó su espada y su jarra de agua. Cuando Saúl se dio cuenta de la facilidad con que David pudo haberle matado, se sintió avergonzado.

Saúl aceptó finalmente que David le sucediera, y después de la muerte de Saúl, David fue rey durante cuarenta años. Gobernó bien y con prudencia en Jerusalén, que desde entonces se conoce como la Ciudad de David.

(1 Samuel 18:1–30; 19:1–7; 24–26; 2 Samuel 5:1–10)

$\mathcal{S}$ALOMÓN

El hijo de David, Salomón, le sucedió como rey. Siendo todavía joven, dos mujeres llegaron ante él y le rogaron que pusiera fin a su disputa. "Señor", dijo una, "nuestros dos hijos nacieron en la misma casa y en el mismo día. Ella robó mi bebé mientras yo dormía y dice que mi hijo murió."

"¡Nada de eso hice!", gritó la otra mujer. "¡Fue su bebé el que murió!" Salomón reflexionó un momento. "Sólo hay una solución para este problema", dijo. "Voy a partir el niño en dos y cada una de vosotras tendrá la mitad."

Una de las mujeres asintió con la cabeza. La otra exclamó horrorizada: "¡No, no mates al niño!", y suplicó: "Dáselo a ella."

Salomón dio el niño a la segunda mujer. "Sólo una madre preferiría entregar a su hijo antes que verlo muerto. El niño es tuyo." Pronto la sabiduría de Salomón se hizo famosa en todo Israel.

(1 Reyes 1:28–30; 2:9–12; 3:16–28)

A diferencia de otros soberanos, Salomón buscó
la amistad de los reyes de las naciones vecinas y, en
su largo reinado, no hubo guerras. La fama de su
sabiduría se extendió por todas partes.

Había tanta paz y el pueblo estaba tan contento
que Salomón decidió que deberían construir un
gran templo a Dios, en agradecimiento. El templo
fue construido de piedra caliza, y maderas y
metales preciosos fueron llevados desde muy lejos.
Cuando el magnífico templo quedó terminado,
Salomón depositó en él el Arca de la Alianza. Dios
dijo a Salomón: "Si tú o tus hijos os apartáis de mí
o desobedecéis mis leyes, destruiré el templo."

Salomón gobernó durante cuarenta años y
después de su muerte desapareció la paz. Hubo
muchas guerras y Dios, finalmente, dejó que el
templo fuera destruido. Ello fue una advertencia
para los israelitas, quienes una vez más habían
olvidado los Mandamientos de Dios.

(1 Reyes 4:20–34; 5–8; 11:41–43; 2 Reyes 24:20; 25:1–9)

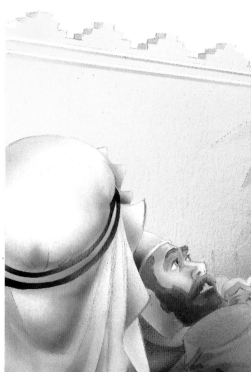

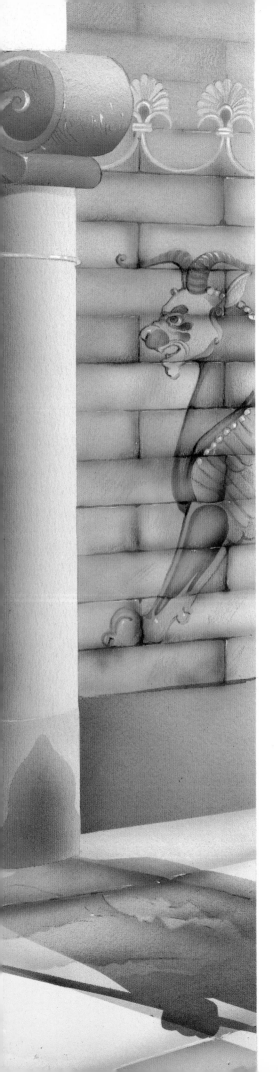

ESTER

Después de la destrucción de Jerusalén, muchos israelitas huyeron a otros países. Uno de ellos, Mardoqueo, llegó hasta Persia, y allí encontró trabajo en el palacio del rey en Susa.

Por desgracia, muy pronto entró en conflicto con Amán, el primer ministro del rey. Amán era un hombre vanidoso y exigía que, a su paso, los servidores doblaran ante él la rodilla. Mardoqueo se negaba a ello y, por eso, Amán lo aborrecía. Para vengarse, Amán trató de volver al rey contra los israelitas. "Hay demasiados de este pueblo en vuestro reino, majestad, y temo que sean peligrosos", dijo Amán al rey.

Con la anuencia del rey, Amán planeó exterminar a los israelitas. Sin embargo, Amán no sabía que Ester, la esposa favorita del rey, era también israelita. Ni él ni el rey sabían que era también prima de Mardoqueo.

(Ester 2:5–7, 17–18; 3:2–14)

Mientras tanto, en el palacio, Mardoqueo alcanzó a oir a dos hombres que cuchicheaban entre sí y, horrorizado, se dio cuenta de que ¡planeaban matar al rey!

Se apresuró a decírselo a Ester, quien avisó a su esposo de la conspiración. Los dos hombres fueron colgados. Poco después, el rey preguntó a Amán: "¿Qué debo hacer por un hombre a quien quiero honrar?" Amán pensó que el rey quería honrarlo a él. "Ese hombre debería ponerse los vestidos del rey y montar en el caballo del rey por la plaza de la ciudad", respondió Amán. "Pues encárgate de ello", ordenó el rey. "Ese hombre se llama Mardoqueo."

Tiempo después, en una fiesta real, Ester explicó al rey que el hombre que había salvado su vida era un israelita. "Su pueblo es el que Amán quiere destruir", dijo Ester, "¡y es también mi pueblo!" El rey se enfureció con Amán y ordenó que fuera ejecutado, en lugar de Mardoqueo. Luego, nombró a Mardoqueo su ministro.

(Ester 2:19–23; 6:1–14; 7:1–10)

DANIEL

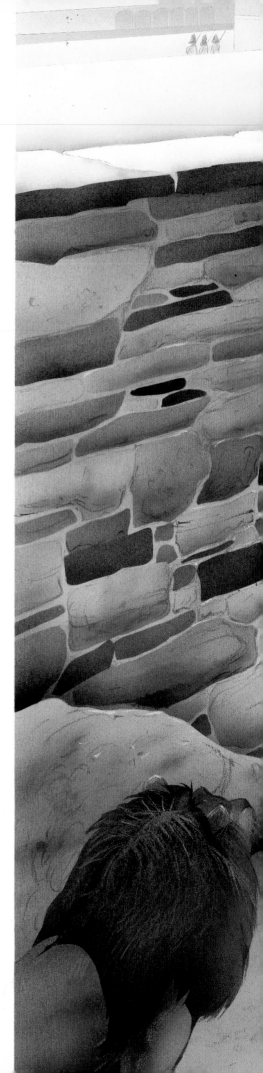

Daniel fue llevado de su casa en Judea a Babilonia, cuando era un muchacho, y permaneció allí durante sesenta y cinco años. Por su sabiduría y buen carácter, había sido invitado a servir como consejero para tres reyes distintos.

Ahora Darío el Medo era el nuevo rey y ordenó que todos sus súbditos le adoraran como a un dios, o de lo contrario serían condenados a morir. Pero Daniel continuó adorando al verdadero Dios. Aunque Darío amaba a Daniel y deseaba que estuviera a cargo de los asuntos de Babilonia, hizo que lo arrojaran a un foso de leones. "Que tu Dios te salve", dijo con tristeza.

A la mañana siguiente, Darío acudió al foso de los leones, esperando encontrar muerto a Daniel. Para su sorpresa vio que Daniel no tenía un solo rasguño, pues Dios había enviado a Su ángel para impedir que los leones lo lastimaran. Darío, con gran contento, dijo a su pueblo: "El Dios de Daniel es el Dios vivo."

(Daniel 1:17–21; 2:1–45; 3:1–8; 4:1–27; 5:1–31; 6:7–28)

JONÁS

En Canaán, Dios habló a un hombre llamado Jonás. "El pueblo en Nínive está desobedeciendo mi Palabra", le dijo, y pidió a Jonás que fuera a Nínive, en Asiria, y predicara allí. Pero Jonás estaba indeciso. "No me gusta la gente de Nínive y no quiero que Dios los perdone", se quejaba consigo mismo.

Trató de ocultarse a los ojos de Dios y llegó hasta la costa, para tomar un barco. Apenas el barco había abandonado la playa se desató una terrible tormenta. "¡Quizá esto sea un castigo de Dios!", pensó Jonás. Y al instante, se volvió a los marineros y les pidió que lo arrojasen al mar. "Es la única manera de que os salvéis", les explicó. En cuanto Jonás cayó al agua, el viento amainó y el mar quedó en calma. Pero en ese momento un enorme pez surgió del agua ¡y se lo tragó!

Durante tres días y tres noches, Jonás permaneció en el estómago del pez. Luego, el pez se acercó a la playa y lo arrojó sobre la arena. De nuevo, Dios dijo a Jonás que fuera a Nínive y predicara allí.

(Jonás 1:1–17; 2:1–10)

Jonás fue a Nínive y comenzó a predicar la Palabra de Dios. Predicó tan bien que todos los hombres aprendieron de él, ricos y pobres por igual. Muy pronto la ciudad entera estaba viviendo conforme a los Mandamientos de Dios y Dios miraba favorablemente al pueblo de Nínive.

Una vez más, Jonás comenzó a quejarse para sí. "Dios ama demasiado a estos pecadores", pensó, "y no merecen su bondad."

Jonás estaba tan dolido que abandonó la ciudad y se adentró en el desierto. Mientras dormía, Dios hizo crecer un árbol junto a él y su sombra lo protegió del caliente sol. Luego, Dios hizo que el árbol se secara y muriera, dejando a Jonás a merced de los rayos ardientes del sol.

Cuando Jonás preguntó por qué se había muerto el árbol, Dios le explicó. "Jonás, yo sé lo contento que estarías si el árbol reviviera. Ahora imagina que las almas de la gente de Nínive fueran como este árbol. Cuando por vez primera fuiste a la ciudad, sus almas estaban secas y vacías. Ahora han oído mi Palabra y crecen fuertes y sinceras. ¡Cuánto mejor es que haya salvado las almas de miles de hombres a que salve a un pobre árbol!"

(Jonás 3:10; 4:1–11)

Un Ángel Visita a María

Durante el reinado de Herodes vivía en Galilea, en la ciudad de Nazaret, una joven mujer. Se llamaba María y había sido prometida en matrimonio a un joven carpintero llamado José. Una mañana se apareció un ángel a María. "No temas, María", dijo. "El Señor me ha enviado con un mensaje para ti. Él te ha elegido para honrarte por encima de todas las mujeres. Pronto darás a luz un hijo, que llamarás Jesús. Será llamado el Hijo del Altísimo y su reino no tendrá fin."

"¿Cómo puede ser eso?", preguntó María asombrada, "si soy virgen?" Y el ángel le dijo: "El poder del Espíritu Santo vendrá sobre ti y darás a luz al Hijo de Dios."

María inclinó la cabeza. "Soy la sierva del Señor", respondió. "Será como lo has dicho."

(Lucas 1:26–38)

El NACIMIENTO DE JESÚS

Los israelitas que se habían asentado en Judea y Galilea ahora eran conocidos como judíos y Herodes era su rey. Pero el gobernante más poderoso de la región era Augusto, el emperador romano.

Algunos meses después de que José y María se habían casado, Augusto quería saber cuántos de sus súbditos vivían en cada nación. Dio la orden de que todas las personas regresaran a su lugar de nacimiento, para firmar un padrón. José y María viajaron a Belén, donde José había nacido.

Pero cuando llegaron, las posadas estaban llenas y tuvieron que alojarse en un establo. Ahí nació Jesús.

Aquella noche un ángel se apareció a un grupo de pastores que cuidaban sus rebaños en los campos. "Os traigo alegres nuevas. Cristo el Señor ha nacido para salvar a la humanidad. Id ahora a Belén y adoradle."

(Lucas 2:1–20)

LA VISITA DE LOS MAGOS

Muy lejos en el Este, unos magos habían visto
una nueva estrella en el firmamento. Siguieron
a la estrella hasta Jerusalén y llegaron ante
el rey Herodes. "Buscamos al niño que ha nacido
rey de los judíos", dijeron a Herodes. "Hemos
venido para adorarle." Se había profetizado que
el rey de los judíos nacería en Belén. Herodes pidió
a los magos que le avisaran cuando hubieran
encontrado al niño. "Porque yo también quiero
adorarle", les dijo.

Cuando los magos encontraron a Jesús, se
postraron ante él y lo adoraron. Le habían traído
preciosos regalos de oro, incienso y mirra.

Aquella noche un ángel llegó en un sueño y
advirtió a los magos que no regresaran con el rey
Herodes. Así, regresaron a su país sin pasar por
Jerusalén.

(Mateo 2:1–12)

Herodes había mentido a los magos, ya que no tenía la menor intención de adorar a Jesús, sino que quería matarlo. Dijo: "Los judíos van a hacer de él su rey, y será más poderoso que yo."

Cuando se dio cuenta de que los magos no iban a regresar, Herodes se enfureció y ordenó a sus soldados que fueran a Belén y mataran a todos los niños menores de dos años. Pero el ángel del Señor se apareció a José en sueños y le previno: "Tu hijo corre peligro. Debes huir y refugiarte en Egipto." José tomó a su familia y abandonó Belén esa misma noche e hicieron una larga jornada hasta Egipto.

Al cabo de algunos años de exilio, oyeron que Herodes había muerto y regresaron a Nazaret.

(Mateo 2:13–22)

EL NIÑO JESÚS EN EL TEMPLO

Todos los años, José y María iban a Jerusalén para celebrar la fiesta de la Pascua. Cuando la celebración terminaba, regresaban a su casa con un grupo grande de amigos y familia.

Un año, cuando Jesús tenía doce años, sus padres se dieron cuenta de pronto que no estaba con ellos. José y María regresaron angustiados a Jerusalén. Temerosos de que le hubiera pasado algo malo, lo buscaron durante tres días. Lo encontraron en el templo, conversando con los sacerdotes y maestros. Jesús había asombrado a todos con su conocimiento y sabiduría.

"Estábamos tan preocupados por ti, hijo mío", le dijo María. Pero Jesús contestó: "No debisteis buscarme. ¿En qué otro sitio podía estar sino en la casa de mi Padre?"

(Lucas 2:41–52)

EL BAUTISMO DE JESÚS

Isabel, pariente de María, también tuvo un hijo. Su nombre era Juan y vivía como ermitaño a las orillas del río Jordán. La gente llegaba de toda Judea para oirle predicar y recibir el perdón de sus pecados. Después de que se arrepentían, él los bautizaba en el río; por eso era conocido como Juan el Bautista.

Juan habló a sus seguidores sobre el profeta Isaías, quien muchos años antes había profetizado que les sería enviado un salvador. Algunos pensaban que Juan era el salvador, pero él les dijo: "Yo os bautizo con agua, pero uno más grande que yo os bautizará con el Espíritu Santo."

Siendo joven Jesús, acudió a ver a Juan, quien lo bautizó en el río. Al salir Jesús del agua, el Espíritu Santo descendió sobre él y Dios habló con potente voz, desde los cielos: "Éste es mi Hijo bienamado."

(Mateo 3:1–17; Marcos 1:1–11; Lucas 1:57–66; Juan 1:19–34)

LOS DOCE APÓSTOLES

Jesús se trasladó a Galilea para difundir la Palabra de Dios. Por donde pasaba, las multitudes se agolpaban para oírle predicar. "El reino de Dios está cerca", les decía. "Es hora de que os arrepintáis de vuestros pecados." Un día, Jesús pasó junto a dos pescadores que estaban recogiendo las redes del mar. Eran Simón y su hermano Andrés. "Dejad vuestras redes y seguidme", les dijo Jesús. "Yo os haré pescadores de hombres."

Simón y Andrés hicieron lo que Jesús les había pedido y se convirtieron en sus primeros discípulos. Más discípulos se le unieron en sus viajes y un día Jesús los juntó a su alrededor. De ellos eligió a doce para que fueran sus apóstoles.

Esos doce fueron Simón (conocido como Pedro), su hermano Andrés, Santiago hijo de Zebedeo, su hermano Juan, Felipe, Bartolomé, Mateo, Tomás, Santiago, Tadeo, Simón y Judas Iscariote.

(Mateo 4:17–22; 10:1–4; Marcos 1:14–20; Lucas 5:1–11; 6:12–16)

LA BODA DE CANÁ

En la ciudad de Caná, Jesús fue invitado a una boda. Los apóstoles fueron con él, y también fue María, su madre.

Al cabo de un tiempo, María vio que el vino se había acabado. Ella le avisó a Jesús y Jesús dijo a los criados que llenaran seis grandes tinajas con agua. "Ahora llenad una copa y llevadla al maestresala." Los criados hicieron lo que Jesús les dijo.

Cuando el maestresala bebió de la copa, se volvió al desposado. "Este vino es excelente. La mayoría de la gente sirve primero el mejor vino y guarda el peor para cuando los invitados están ya bebidos. Pero tú has guardado para el final el vino mejor."

Entonces María, los criados y los apóstoles se dieron cuenta de que Jesús había convertido el agua en vino. Éste fue el primer milagro que hizo Jesús.

(Juan 2:1–11)

EL SERMÓN DE LA MONTAÑA

La Palabra de Jesús se difundía por el país y dondequiera que él llegaba se reunían grandes multitudes para oirle. Sanaba al enfermo y llevaba consuelo al pobre y al necesitado.

Les predicaba del reino de Dios y de cómo podían alcanzarlo. "Los que están enfermos, o hambrientos, o son pobres deben regocijarse, porque ellos recibirán su recompensa en el cielo. Pero los que son ricos y guardan bienes en la tierra no hallarán consuelo allá."

Jesús predicaba compasión, humildad y obediencia a los mandamientos. Cuantos le oían se embelesaban con sus palabras, porque nadie había hablado antes como él.

(Mateo 5:7; Lucas 6:17–49)

LA PARÁBOLA DEL HIJO PRÓDIGO

Jesús solía hablar en parábolas, para que los que venían a oirle pudieran entender más fácilmente la Palabra de Dios. Un día los escribas y fariseos se burlaron de él, pues recibía con agrado a los pecadores. "Un pecador arrepentido causa más alegría en el cielo que noventa y nueve justos que no necesitan perdón", les dijo Jesús.

"Había una vez un hombre que tenía dos hijos", continuó. "El más joven pidió la parte de la hacienda que le correspondía y la disipó. Cuando se quedó sin nada, decidió volver con su padre y pedir perdón por su conducta. Regresó con humildad a casa y pidió a su padre que lo tratara como a un criado, ya que no merecía ser llamado hijo suyo. Pero su padre convocó a una gran fiesta para celebrar el regreso de su hijo. El hijo mayor estaba enojado, porque había trabajado duramente para su padre pero nunca recibió un trato tan espléndido. "Hijo mío", explicó el anciano, "alegrémonos, porque tu hermano se había perdido y lo hemos encontrado."

(Lucas 15:1–32)

LOS OBREROS EN LA VIÑA

Jesús explicaba a sus seguidores que los que creen en las posesiones terrenales no obtendrán recompensa en el cielo. Luego, con una parábola les explicó que Dios da conforme a la gracia, y no conforme al mérito.

"Un amo contrató hombres para trabajar en sus viñas y prometió pagarles un denario. Hacia el final del día, el amo vio a otros hombres que estaban sin trabajo y los envió también a sus viñas. Cuando el trabajo estuvo terminado, pagó a sus trabajadores, comenzando por los que habían llegado tarde, y dio a cada uno de ellos un denario. Los que habían trabajado desde el principio del día esperaban recibir más dinero. Cuando también ellos recibieron un denario, se quejaron de que habían trabajado más que los otros. El amo dijo que él quería tratar a todos de la misma manera."

Jesús explicó que nadie recibe menos de lo prometido. Y todos reciben más de lo que merecen.

(Mateo 19:23–30; 20:1–16)

EL BUEN SAMARITANO

Un día, mientras Jesús predicaba, un doctor de la
Ley se levantó y le dijo: "La Ley dice que debemos
amar a nuestro prójimo como a nosotros mismos,
pero ¿quién es mi prójimo?"

En respuesta, Jesús dijo: "Viajaba un hombre a
Jerusalén cuando unos ladrones le atacaron y lo
dieron por muerto. Varias personas vieron al
hombre, pero aunque seguían la Ley, no hicieron
nada por ayudarle. En vez de eso, cruzaban al
otro lado del camino y pasaban de largo.

Pero llegó un samaritano, que era considerado
extranjero, ayudó al hombre, trató sus heridas y
lo llevó a una posada para que se recobrara. Al
otro día tuvo que marcharse, pero dio al posadero
dos denarios para que cuidara del herido."

Jesús se volvió al doctor de la Ley. "¿Cuál de esos
hombres era un verdadero prójimo?", preguntó. Y
el doctor de la Ley contestó: "El hombre que
ayudó." "Ve pues y haz tú lo mismo", dijo Jesús.

(Lucas 10:25–37)

LA PARÁBOLA DEL SEMBRADOR

Cuando se había reunido una gran multitud, Jesús les dijo: "Salió un sembrador a sembrar sus semillas. Al esparcirlas, algunas cayeron en el camino y las aves las comieron. Otras cayeron en un pedregal, y las plantas se secaron sobre el duro suelo. Otras cayeron entre espinas, las cuales crecieron y ahogaron a la planta. Pero otras cayeron en buena tierra y crecieron fuertes y abundantes."

Cuando los discípulos preguntaron a Jesús qué significaba la parábola, les explicó: "Las semillas que caen en el camino son como los que oyen la Palabra de Dios pero no creen. Las semillas que caen sobre el pedregal son como los que oyen pero no perseveran en su fe, y las que caen entre espinas representan a quienes están distraídos por las preocupaciones terrenales.

Pero las semillas que caen en buena tierra representan a aquellos que muestran su verdadera conversión perseverando en su fe y dando el fruto de la obediencia."

(Mateo 13:4–9; Lucas 8:1–15)

JESÚS CURA A UN ENFERMO

Un día unos hombres trajeron a su compañero tullido para ver a Jesús. El compañero era paralítico y lo llevaban en una camilla. Era tal la multitud que rodeaba a Jesús, que los hombres subieron hasta el tejado y, por el techo, bajaron a su compañero hasta el piso de abajo.

Cuando Jesús vio cuán fuerte era su fe, sanó al hombre tullido. "Hombre, tus pecados te son perdonados", le dijo. "Toma tu camilla y ve a tu casa."

Otro día un soldado romano se acercó a Jesús cuando éste entraba en una ciudad y le dijo que su fiel siervo estaba muriendo. "Iré con él", dijo Jesús. Pero el soldado contestó: "No te pido que vayas a mi casa, porque no lo merezco. Pero di sólo una palabra y mi siervo será curado."

"Nunca he visto una fe como la tuya", dijo Jesús complacido. "Tu siervo vivirá."

(Mateo 9:1–8; Lucas 5:17–26; Mateo 8:5–13)

JESÚS CAMINA SOBRE LAS AGUAS

Un día Jesús estaba enseñando en un lugar muy alejado. Como anochecía, los apóstoles dijeron a Jesús que despidiera a la gente. "Pronto tendrán hambre y no tenemos nada que darles."

Pero Jesús tomó cinco panes y dos pequeños peces y los partió entre los apóstoles. "Dad este alimento a la muchedumbre." Los apóstoles no sabían qué pensar, pues había mucha gente reunida. Pero hicieron lo que Jesús les dijo. Para su asombro, comieron todos y se saciaron.

Después de este milagro, Jesús se retiró a orar en soledad. Los apóstoles tomaron una barca y se fueron al otro lado del lago, pero se levantó un fuerte viento y sintieron temor de morir ahogados.

De pronto vieron a Jesús caminando hacia ellos sobre las aguas. Estaban asustados, pero Jesús los tranquilizó. "Ven a mí, Pedro", dijo. En cuanto Pedro bajó de la barca, se asustó. "¡Ayúdame, Señor!", exclamó. "Me voy a hundir." Jesús ayudó a Pedro a regresar a la barca y le dijo: "Pedro, ¿por qué has dudado?"

(Mateo 14:13–31; Marcos 8:1–9; Lucas 9:10–17; Juan 6:1–21)

La
TRANSFIGURACIÓN

Jesús, con tres de sus apóstoles, Pedro, Santiago
y Juan, fueron a la cima de un monte muy alto. Ahí
Jesús se transfiguró. Su rostro resplandeció tan
brillantemente como el sol y sus vestidos se volvieron
de un blanco cegador. Los profetas Moisés y Elías
aparecieron detrás de él, bañados de la misma luz.

Una radiante nube descendió alrededor de ellos
y los apóstoles oyeron la voz de Dios: "Éste es mi
hijo amado; escuchadle."

Sobrecogidos de gran temor, los apóstoles se
arrodillaron. Jesús se acercó a ellos y les dijo que
no temieran. "Ahora debéis regresar. Pero no digais
a nadie lo que habéis visto aquí hasta que el Hijo
del Hombre regrese de nuevo."

Confundidos por sus últimas palabras, los
apóstoles dejaron a Jesús.

(Mateo 17:1–9; Marcos 9:2–13; Lucas 9:28–36)

103

JESÚS Y LOS NIÑOS

Adondequiera que Jesús iba, había padres que llevaban a sus hijos ante él para que los tocara y los bendijera. Algunos niños pequeños se juntaban alrededor de él mientras predicaba, y todos trataban de acercarse a Jesús.

Los apóstoles, pensando que los niños molestaban a Jesús al acercársele, trataron de apartarlos, pero Jesús los detuvo. "Dejad que los niños vengan a mí. Sabéis que el reino de Dios recibe con satisfacción a los débiles y a los pequeños. Me habéis oído decir esto muchas veces."

Señaló al niño más pequeño que jugaba a sus pies. "Debéis volveros niños y ser como él", dijo a la multitud que le escuchaba. "Sólo con la fe y la sencillez de un niño entraréis en el reino de Dios."

(Mateo 19:13–15; Marcos 10:13–16; Lucas 18:15–17)

104

LÁZARO

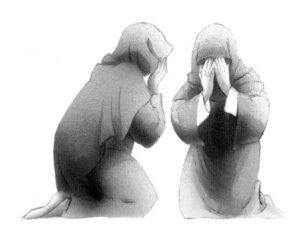

Lázaro, amigo de Jesús, estaba muriendo y sus hermanas, María y Marta, mandaron avisar a Jesús de que estaba enfermo. Pero cuando Jesús llegó a la casa, Lázaro ya había muerto. Marta y María acudieron a recibir a Jesús. "Señor, si hubieras estado con él cuando estaba enfermo", sollozaron, "no hubiera muerto". Ellas llevaron a Jesús a la tumba donde Lázaro había sido enterrado.

"Quitad la piedra que cubre la entrada", les dijo Jesús. Extrañadas, hicieron lo que les había pedido. Jesús levantó su mirada a los cielos: "Padre, sé que siempre has oído mis ruegos. Ahora, permite que todo el mundo vea que yo cumplo tu deseo."

De pie, frente a la entrada de la tumba, Jesús gritó: "¡Lázaro, sal fuera!" Con alegría y gran asombro, la gente observó cómo Lázaro salía de la tumba.

(Juan 11:1–43)

JESÚS ENTRA EN JERUSALÉN

Aunque mucha gente creía ahora en Jesús y en el reino de Dios, él tenía poderosos enemigos. Los príncipes de los sacerdotes y los doctores de la Ley lo veían como una amenaza contra el poder gobernante de Roma. Intentaban tenderle una trampa con preguntas, de modo que pudieran detenerlo por incitar a la rebelión. Y el amor de la gente por él les asustaba.

Cuando la fiesta de Pascua llegó, nadie creía que Jesús iría a Jerusalén. Los apóstoles le rogaron que no fuera. "Seguramente te van a arrestar", le dijeron. Pero no pudieron persuadirle. Montado sobre un humilde pollino, Jesús entró por las puertas de Jerusalén.

Miles de gentes habían oído de su llegada y se amontonaban en las calles a su paso. Tendían ramos de palma sobre el camino conforme avanzaba y le alababan como a su Señor. "¡Bendito el que viene en el nombre de Dios!", gritaban.

(Mateo 21; Marcos 11; 12:1–34; Lucas 19:28–48; 20:1–39; Juan 7:25–44; 12:12–19)

LA ÚLTIMA CENA

Jesús sabía que en Jerusalén iba a ser traicionado y
que le darían muerte. Así, advirtió a los apóstoles
que ésa iba a ser la última fiesta de Pascua que
pasarían juntos.

Esa noche, Jesús y sus apóstoles se reunieron en
la sala preparada para su cena. Se espantaron
cuando les dijo: "Ésta será la última noche que
comeré este pan y beberé este vino. Esta noche me
prenderán."

Luego tomó pan, lo partió en trozos y lo dio a
los apóstoles diciendo: "Éste es mi cuerpo. Lo
ofrezco como sacrificio por toda la humanidad.
Comedlo en memoria mía."

Luego, llenó un cáliz con vino. "Ésta es mi
sangre", dijo, pasándolo a cada apóstol. "Será
derramada por vosotros y por todos los hombres.
Bebedlo en memoria mía."

(Mateo 16:21–28; 20:17–19; 26:17–30; Marcos 8:31–38;
10:32–34; 14:12–26; Lucas 18:31–34; 22:7–23;
Juan 12:20–36; 13:18–21)

LA TRAICIÓN

Jesús sabía que uno de sus más cercanos amigos iba a traicionarle. Judas Iscariote había sido tentado por Satanás y accedió a traicionar a Jesús, a cambio de treinta monedas de plata.

Después de la Última Cena, Jesús fue a orar al huerto de Getsemaní. Al poco tiempo, llegó una turba de soldados dirigidos por Judas. "El hombre al que bese es al que debéis prender", les dijo, y llegó hasta Jesús y le besó. "¿Me has traicionado, Judas?", preguntó Jesús con tristeza. Los demás apóstoles querían luchar para que Jesús pudiera escapar, pero él llegó, con calma, hasta los soldados.

Solo en el huerto, Judas de pronto se dio cuenta de lo terrible de su traición. Clamando con horror, arrojó a tierra con asco las treinta monedas de plata. No podía vivir con la culpa de su traición y se ahorcó.

(Mateo 26:14–16; 26:36–56; 27:1–10; Marcos 14:32–50; Lucas 22:1–6; 22:39–54; Juan 18:1–12)

JESÚS ANTE PILATO

Jesús fue llevado ante el consejo supremo, conocido como el sanedrín. Ahí cuestionaron duramente sus enseñanzas y le preguntaron si él era el Hijo de Dios. "Sí; vosotros lo habéis dicho", contestó Jesús.

El sanedrín acusó a Jesús de blasfemia y lo entregó al gobernador romano, Poncio Pilato. Pilato también preguntó a Jesús si él era el rey de los judíos. De nuevo Jesús contestó: "Sí; tú lo has dicho." El sanedrín exigió que se le condenara a muerte, pero Pilato no veía razón para tanto rigor.

En aquellos tiempos era costumbre liberar a un preso durante la fiesta de la Pascua. Los únicos presos eran Jesús y un vicioso criminal llamado Barrabás. Cuando Pilato preguntó a quién debía liberar, la multitud escogió a Barrabás.

Pilato intentó razonar con el sanedrín y la multitud, pero ellos pidieron la muerte de Jesús, tan enérgicamente que al final lo entregó a ellos. Jesús fue sacado para ser crucificado.

(Mateo 26:57–68; 27:11–26; Marcos 14:53–65; 15:1–15; Lucas 22:66–71; 23:1–25; Juan 18:28–40; 19:1–16)

CON LA CRUZ A CUESTAS

En cuanto los soldados sacaron a Jesús del palacio
del gobernador, se mofaron de él con crueldad. Lo
azotaron, lo abofetearon y, sobre su cabeza,
colocaron una corona de espinas.

"¡Salve, rey de los judíos!", se reían.

Trajeron la cruz y Jesús fue obligado a llevarla
sobre sus hombros a través de las calles. Los
soldados forzaron a un hombre llamado Simón, de
Cirene, a ayudar a Jesús a compartir el peso.

Una enorme multitud siguió a Jesús, y muchos
de ellos lloraban por él. "No lloréis por mí", dijo
Jesús. "Llorad más bien por vosotros mismos y por
vuestros hijos, porque hay mucho sufrimiento
delante de vosotros."

(Mateo 27:13–32; Marcos 15:21–22; Lucas 23:26–31;
Juan 19:16–17)

LA CRUCIFIXIÓN

El lugar de ejecución se llamaba Gólgota o Lugar de la Calavera. Ahí los soldados clavaron a Jesús en la cruz y lo crucificaron. Al mismo tiempo fueron crucificados con él dos ladrones.

Encima de la cabeza de Jesús colgaron una inscripción que decía "Rey de los judíos". Los sacerdotes y los doctores de la Ley fueron allí a mofarse de Jesús. "Es el Hijo de Dios", se reían, "y ni siquiera puede salvarse a sí mismo."

Luego de que Jesús hubo estado colgado de la cruz durante varias horas una densa oscuridad se abatió sobre la tierra. De pronto, Jesús exclamó: "Dios mío, ¿por qué me has abandonado?" La multitud quedó en silencio, espantada, para ver qué iba a suceder.

Jesús clamó otra vez a Dios, luego su espíritu lo abandonó y murió. En el mismo momento la tierra tembló y el velo del templo se rasgó en dos. Los seguidores de Jesús lo bajaron de la cruz y lo depositaron en una tumba.

(Mateo 27:32–56; Marcos 15:21–41; Lucas 23:26–49; Juan 19:18–42)

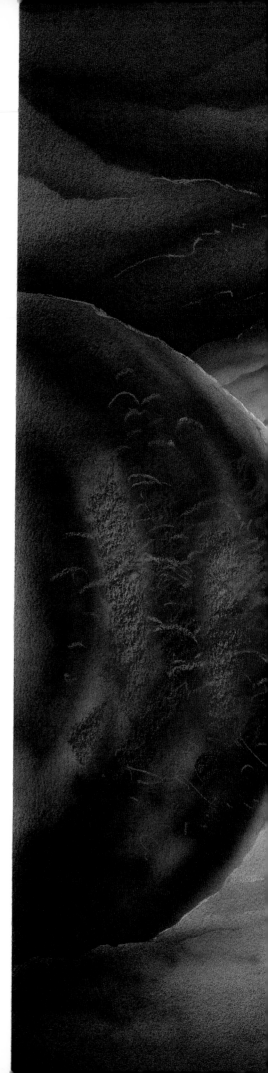

La RESURRECCIÓN

Al cabo de tres días, María Magdalena, una de sus discípulos, fue a la tumba de Jesús. Para su consternación, la tumba estaba abierta y el cuerpo de Jesús había desaparecido. Comenzó a llorar por su pérdida y un ángel resplandeciente se le apareció. "No estés triste. Debes alegrarte porque Jesús ha resucitado de entre los muertos", le dijo.

Luego, una voz la llamó y un hombre estaba de pie ante ella. Al principio, María Magdalena no lo reconoció. Luego, para su inmensa sorpresa y regocijo, sus ojos se abrieron y reconoció en él a Jesús.

Llena de pavor y confusión, corrió a la ciudad para avisar a los demás discípulos. Aunque Jesús les había dicho que el Hijo de Dios debía morir y luego resucitar, ellos no lo habían creído.

(Mateo 28:1–10; Marcos 16:1–11; Lucas 24:1–12; Juan 20:1–18)

La APARICIÓN

Más tarde, en el mismo día, Jesús se apareció a dos de sus discípulos, mientras éstos caminaban a Emaús. Ellos no lo reconocieron, pero lo acogieron como compañero de viaje. "Estábamos justo hablando acerca de Jesús de Nazaret", le dijeron. "Esperábamos que él hubiera sido el salvador de los judíos, pero el sanedrín lo aprehendió y lo crucificó. Algunos afirman haberlo visto salir de su tumba, pero eso no puede ser cierto."

Jesús los reprendió por su falta de fe. "¿Acaso no se había profetizado que el Hijo de Dios había de morir para luego resucitar?", les preguntó. Asombrados lo reconocieron, pero él desapareció delante de ellos.

Esa misma noche Jesús se apareció a los apóstoles. Ellos no creían que había resucitado y estaban asustados, pensando que se trataba de un fantasma. "Tocadme", les dijo. "Ved las heridas en mis manos y en mis pies. No soy un fantasma."

(Marcos 16:12–14; Lucas 24:13–48; Juan 19:30)

LA ASCENSIÓN

Los apóstoles subieron al Monte de los Olivos, en donde habían orado una vez con Jesús, y ahí se les apareció por última vez. "Debéis estar preparados", les dijo. "El Espíritu Santo vendrá pronto sobre vosotros. Ese día debéis salir y predicar la Palabra de Dios a todas las naciones. Debéis enseñar a la humanidad todo cuanto habéis visto y aprendido mientras estuve con vosotros."

Luego, Jesús bendijo a los apóstoles, quienes se inclinaron en señal de adoración. Se elevó en el aire, llegó a una nube y ascendió al cielo, para sentarse a la diestra de Dios.

Y tal como Jesús lo había dicho, el Espíritu Santo descendió sobre los apóstoles y les dio fortaleza y sabiduría para salir y predicar la Palabra de Dios.

Por dondequiera que viajaron, muchos oyeron, muchos creyeron y muchos se salvaron, tal y como Jesús había profetizado.

(Mateo 28:16–20; Marcos 16:15–20; Lucas 24:44–53; Juan 20:21)